¿POR QUÉ ME SIGUE LA LUNA?

Y OTRAS PREGUNTAS RARAS QUE HAGO A VECES

¿POR QUÉ ME SIGUE LA LUNA?

Y OTRAS PREGUNTAS RARAS QUE HAGO A VECES

GABRIEL LEÓN

ILUSTRADO POR BALBONTA

blok
B DE BLOK

El papel utilizado para la impresión de este libro ha sido fabricado a partir de madera procedente de bosques y plantaciones gestionadas con los más altos estándares ambientales, garantizando una explotación de los recursos sostenible con el medio ambiente y beneficiosa para las personas.

Penguin Random House Grupo Editorial

¿Por qué me sigue la luna?

Primera edición en Chile: julio de 2020
Primera edición en México: septiembre de 2021
Primera reimpresión: enero de 2025

penguinlibros.com

Ilustraciones de portada e interior: Paula Balbontín
Diseño de portada: Julio Valdés
Composición: Alexei Alikin

ISBN: 978-607-380-608-4

Impreso en México – *Printed in Mexico*

Para mis sobrinas preguntonas,
Matilde y Agustina

ÍNDICE

SIGUIENDO LA LUNA

¿Les gustan las películas de terror? A mí no mucho... De hecho, nunca he visto una y no creo que lo haga, porque ¡qué intenso! Bueno, la cosa es que me acordé de esas películas porque hace algunos días con mi papá recreamos una.

Resulta que mi tío Carlos invitó a toda la familia a pasar un fin de semana en su casa en el campo, así que partimos. ¡Hicimos mil cosas entretenidas! Nos bañamos en la piscina hasta quedar bien arrugados (ustedes ya saben por qué pasa eso cuando estamos mucho rato en el agua), inventamos juegos, prendimos el fogón de leña y usamos palitos para asar esas malvas blancas que parecen nubecitas (*marshmallows*. Tuve que buscar cómo se escribe). Todo iba bien hasta que, una de las noches, a los adultos se les ocurrió salir a caminar por el bosque.

Al principio no me entusiasmó tanto la idea porque le tengo susto a la oscuridad, pero vi a todos tan emocionados que tardé poco en convencerme.

Sin darle más vueltas, tomamos nuestras cosas y salimos a caminar en fila por entre los árboles. Durante el recorrido estuvimos atentos a ver si aparecían conejitos. Nos mantuvimos con las orejas bien paradas para escuchar todos los mini ruidos que había en ese bosque tenebroso (¡y eran muchos!). Mientras me concentraba en la búsqueda, una luz muy fuerte se asomó entre las ramas de los árboles. «¿Será una luciérnaga gigante?», pensé. No quise avisarle a nadie hasta poder identificar bien qué era, pero justo alguien dijo «Miren qué grande y brillante está la luna». Y, claro, ahí estaba la razón: la luz provenía de ella. Nos quedamos mirándola harto rato, porque estaba perfectamente redonda, y además se veía lindísima.

—¿Papá? —dije susurrando para no espantar a los conejitos.

—¿Qué pasa, Pachi? —preguntó, sin dejar de mirar hacia arriba.

—Se me helaron los pies.

—A mí también, pero tranquila que ya es hora de volver a la casa.

—Ya, vamos —le dije resignada por no haber visto ningún animalito. Y, bueno, también porque me estaba dando un poco de miedo estar ahí en plena noche—. Oye, oye, ¿dónde están los otros? —agregué dándome una vuelta en 360 grados.

Como no vimos a nadie, miramos para todos lados igual que ese meme de John Travolta. Parece que mientras contemplábamos la luna el resto siguió caminando y no nos dimos cuenta.

—¿Tú sabes cómo volver, papá?

—Oh, pero por supuesto. Es por aquí... creo.

—Mmhh, ya—dije un poquito incrédula. Es que mi papá tiene muchas cosas buenas, pero ubicarse no es uno de sus talentos. ¡Si se pierde hasta en la casa! Bueno, estoy exagerando, pero digamos que en una expedición él no puede estar a cargo de llevar el mapa.

Seguimos avanzando entre los árboles y entonces me di cuenta de algo: ¡la luna nos estaba siguiendo! Lo digo en serio, fue muy raro.

—¿Papá?

—Dime, Pachi.

—Pasa algo extraño.

—Sí, parece que estamos perdidos...

—O sea, sí, eso también, pero hay otra cosa: juro que la luna nos está siguiendo.

Mi papá miró hacia el cielo y luego me sonrió con esa sonrisa que pone cuando me va a explicar algo entretenido.

—Es cierto, parece que la luna nos sigue mientras caminamos. Qué interesante, ¿no?

—¡Lo encuentro extrañísimo! ¿Por qué pasa eso?

—Pasa porque la Luna está muy lejos. Es un asunto de perspectiva. —Mi papá se apoyó en un árbol y miró hacia todos lados, como buscando el camino, aunque sin decirme que estaba buscando el camino. Claro que yo me di cuenta porque lo conozco.

—¿Perspequé? —pregunté confundida.

—Perspectiva —respondió y siguió avanzando—. Mmhh, ven, caminemos por ese sendero.

Comenzamos a movernos hacia una zona con menos árboles, desde donde pudiéramos ver bien la luna. De repente nos detuvimos.

—Mira, Pachi, fíjate en ese árbol grande. Observa también los arbustos más pequeños que hay por este otro lado.

—Los estoy mirando y no están haciendo nada —dije con los ojos bien abiertos.

—Quiero que te fijes en la distancia que hay entre ellos y tú. Ahora camina.

Caminamos como veinte pasos, hasta que perdimos de vista el árbol y los arbustos.

—¿Ves todavía el árbol o los arbustos?

—No, ya no. Para poder hacerlo necesitaría ojos en la espalda, porque quedaron por allá atrás.

—Chistosita, date vuelta. ¿Ves que ya no están? Ahora mira hacia arriba y dime qué pasa con la luna.

—¡Está donde mismo! Definitivamente nos está siguiendo, ¿viste, viste? ¿Sabes por qué?

—Lo que pasa es que la Luna está muuuyrrequetelejos —dijo mi papá, otra vez buscando el camino sin decirme que lo estaba haciendo.

—¿Muyrrequetelejos? —pregunté sin pestañear.

—Sí, la Luna está algo así como a trescientos ochenta mil kilómetros de distancia.

—¡¿Tan lejos?! —dije, y no pude evitar pensar en los pobres astronautas que han ido a la Luna (seis veces en total) en una nave del porte de un auto y sin baño. Intenso... Yo a los diez minutos estaría pidiendo parar para hacer pipí.

—Lo que pasó recién es que te moviste y, aunque no diste tantos pasos, fue una distancia suficiente para alejarte del árbol y de los arbustos. Pasa lo mismo cuando miras a una persona desde lejos: a la distancia se ve chiquita, pero al acercarte a ella pareciera que se va agrandando hasta ver su tamaño real. Pero la luna está TAN lejos que veinte pasos ni se notan. Se ve idéntica desde aquí, ¿no?

—Sí, igualita. ¿Entonces la luna no me sigue?

—La luna «nos sigue a todos»... si estamos lo suficientemente lejos de ella —comentó mi papá cerrándome un ojo.

Me gustó eso porque, aunque ahora sé que la luna no me sigue, también entiendo por qué parece que me sigue. Eso me hace pensar que siempre podré tenerla cerca.

—Papá, ¿te puedo preguntar otra cosa?

—¡Siempre! Me encantan tus preguntas.

—Y a mí tus respuestas, jeje. Quiero saber si la Luna es tan grande como el Sol.

—Mmhh, no. La Luna es como cuatrocientas veces más pequeña que el Sol.

—Entonces, ¿por qué cuando fue el eclipse en La Serena la luna tapó justito, justito, al sol? —pregunté entrecerrando los ojos.

—Aahhh, muy buena observación, Pachi. Lo que pasa es que el Sol está cuatrocientas veces más lejos de la Tierra que la Luna. Y como la Luna es cuatrocientas veces más chica que el sol, en el cielo parecen tener el mismo tamaño.

—¡Oohhh! —dije imitando al *emoji* al que le explota el cerebro.

—¡Lo encontré! —dijo mi papá tan emocionado como si acabara de descubrir de qué está hecha la materia oscura.

—¿Qué encontraste?

—El camino —respondió apuntando hacia donde se suponía estaba la casa.

—Si lo encontraste, ¿es que estábamos perdidos?

—Muy poquito, estaba casi seguro de cómo llegar.

Los dos nos pusimos a reír porque sabíamos que eso no era cierto.

Apuramos el paso para llegar pronto a calentarnos los pies. Y porque a los dos nos habían dado ganas de comer más nubecitas dulces.

ME MAREO

De sábado para domingo con mi papá fuimos a acampar a uno de nuestros lugares favoritos: el Cajón del Maipo. En la noche comimos cosas ricas, miramos las estrellas, conversamos hasta que nos dio sueño y preparamos nuestros sacos para dormir. A la mañana siguiente desperté como atrapada. No me podía mover y no entendía qué pasaba, hasta que lentamente empecé a reaccionar: «No estamos en la casa», pensé, «así que no estoy en mi cama». Sentía el peso del Lukas encima de mis pies, pero todo lo demás parecía diferente. Cuando por fin pude abrir bien los ojos, recordé que estaba ¡adentro de un saco de dormir, en una carpa!

—Buenos días, cuncuna Pachi —dijo mi papá esa mañana confusa, adivinando mi estado cuncunoso.

—Buenos días, papá —respondí asomándome por el cierre del saco—. ¿Ya es hora de desayunar?

—Sí, desperté con hambre. ¿Preparemos el desayuno juntos?

Apenas salimos de la carpa el Lukas fue a reconocer terreno y a hacer pipí. También se puso a conversar a ladridos con otros perros que estaban lejos. Mientras eso pasaba, mi papá sacó una cocina que parecía de juguete —pero funcionaba de verdad—, puso la cafetera para su café y calentó leche para mí, y yo fui a buscar el pan amasado y la mermelada de mora que compramos en el camino, ¡deliciosa!

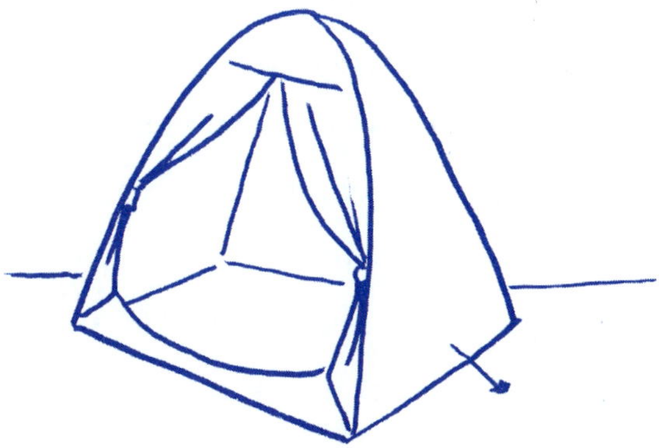

Pasamos toda la mañana recorriendo el río Maipo y observando la naturaleza. Mi papá me contó que ese río no siempre fue tan delgaducho como se ve ahora; cuando él tenía mi edad, llevaba mucha más agua, porque llovía y nevaba más. Con el tiempo se ha ido achicando, buu.

A la vuelta del paseo, levantamos el campamento y comenzamos a preparar el regreso a la casa. Para el viaje elegí un libro muy entretenido sobre un niño que se llama Bruno y que es tan preguntón como yo, pero tuve que dejar de leer muy pronto porque pasó algo raro: el mundo empezó a dar vueltas.

—Papá, estoy mareada —le dije con un poquito de náuseas.

—Mmhh, puede ser porque vas leyendo.

—¿Leer produce mareos?

—No, pero cuando lees en el auto pasa algo muy divertido con el cerebro: a pesar de que nos estamos moviendo, él cree que estamos quietos.

—Interesante —dije acomodándome en el asiento. El Lukas dio un gran bostezo, cambió de posición y siguió durmiendo.

—Cuando vamos en caminos de montaña, como este, nos movemos mucho...

—Mmhh, pero en el camino de ida no me mareé —interrumpí a mi papá.

—¿Recuerdas qué ibas haciendo?

—Sí, iba viendo el paisaje, que es tan lindo.

—Y ahora venías leyendo, ¿cierto?

—Sí, y estaba muy entretenida mi lectura.

—En caminos con muchas curvas el movimiento es percibido por una parte del cuerpo que se llama aparato vestibular. Ese aparato le señala al cerebro la posición de la cabeza respecto del suelo. Es el aparto vestibular el que te permite mantener el equilibrio y reconocer tu posición, incluso si tienes los ojos cerrados.

—¿Y ese aparato dónde queda?

—En la parte interna del oído. Es una estructura muy compleja y pequeña que está hacia dentro de tu cabeza.

—Ya, pero todavía no entiendo qué tiene que ver eso con que me mareara a la vuelta, pero no a la ida. ¿Significa que el cerebro solo se confunde solo en los viajes de vuelta?

—No, mi querida Pachi. Significa que cuando vas mirando el paisaje, tus ojos y el aparato vestibular le dicen al cerebro lo mismo: que te estás moviendo. La señal es igual porque efectivamente ambos captan el movimiento, pero cuando fijas la mirada en un libro, como ocurrió ahora, al cerebro se le comunican dos mensajes diferentes: que te mueves y que no.

—O sea que mis ojos, que tenía pegados en el libro, le dicen a mi cerebro que estoy quieta, pero el aparato vestibular le dice a mi cerebro que me estoy moviendo, porque así es... vamos en el auto y el auto se mueve.

—Exacto. Son dos señales opuestas.

—Mmhh, ¿y cómo lo hace el cerebro para no confundirse? Cuando dos personas me hablan al mismo tiempo, no logro entenderle a ninguna de las dos.

—Es una comparación perfecta.

—¿Y el mareo que sentí?

—Quienes estudian el tema creen que una posible explicación es que estas señales contradictorias son interpretadas por el cerebro como una alucinación, y las náuseas que se sienten ayudarían a eliminar, a través del vómito, el supuesto alucinógeno.

—¡NO, qué loco!

—La verdad es que es algo bien complejo y todavía no hay una sola respuesta, pero esa sería una de las explicaciones.

—Si voy mirando el paisaje, entonces, ¿no me voy a marear?

—Es mucho menos probable que te marees si tus ojos y el aparato vestibular perciben lo mismo. Por eso, lo mejor para evitar marearse en un viaje es ir viendo por la ventana.

—Además, uno puede descubrir cosas entretenidas en el camino. Yo, por ejemplo, vi a unas vaquitas comiendo pasto cerca de un río. Eran muy lindas. Pero eso pasó hace rato, porque ahora veo semáforos y eso indica que estamos en la ciudad, ¿cierto, papá?

—Cierto.

Poco después, el Lukas se levantó y se puso a ladrar. Estábamos llegando a la casa y ladró porque la reconoció.

—Papá, ¿el Lukas se habrá mareado?

Los dos lo miramos. Estaba esperando que le abriéramos la puerta para bajarse, listo para saltar al suelo. Claramente no estaba mareado, pero sí muy feliz, porque movía su cola como loco.

OTOÑISTAS

Crac, crac, crac. Amo ese sonido. Sé que es difícil reconocerlo en palabras, pero si les digo de qué es, seguro van a identificarlo de inmediato: hojas secas siendo aplastadas por nuestros zapatos. Siempre me ha gustado salir a caminar y pisar las hojas cafés que caen de los árboles. Además, eso ocurre en otoño, la estación más linda de todas y con la mejor temperatura, porque no hace ni tanto calor ni tanto frío. Me declaro cien por ciento otoñista.

Durante el último otoño, con mi papá hicimos nuestro ya tradicional campeonato de pisar hojas. Jugamos la final en el parque que queda cerca de la casa y, aunque le iba ganando por lejos (hasta el Lukas, que ni sabía que estábamos jugando a eso, le llevaba la delantera), en un momento tuve que parar y demorar mi triunfo.

—Papá, no estás poniendo atención —le dije muy seria.

—Lo que pasa es que estoy sin lentes y no veo bien las hojas, Pachi.

—¡Pero si están ahí mismo!

—A ver —dijo sacando sus lentes del bolsillo interno de la chaqueta. Los limpió con cuidado y se los puso.

—¿Ahora sí?

—¡Ahora sí! —respondió, y de un salto pisó tres hojas al mismo tiempo. Claro, como tiene los pies más grandes que yo puede ganar hojaspuntos mucho más rápido.

—¡Oye!, tiene que ser de a una —dije haciendo notar lo injusto de la situación.

—Jejeje, está bien, solo intentaba alcanzarte en el marcador de hojaspuntos.

—¡Qué pillo! —le dije riéndome—. Oye, papá, ¿tú sabes por qué en otoño las hojas se ponen cafés?

—Oh, interesante pregunta —dijo acomodándose los lentes—. La mejor parte es que no se ponen cafés, sino que dejan de ser verdes.

—¿KIÉ? Me vas a tener que explicar eso un poco mejor.

—Sentémonos un rato y te explico.

Buscamos una banca y nos sentamos los tres. El Lukas puso sus patas delanteras encima de las piernas de mi papá.

—Normalmente, las hojas de los árboles son de color verde. Eso se debe a que tienen un pigmento muy importante que se llama clorofila.

—¿Pigmento? ¿Clorofila? Demasiadas palabras raras en una misma frase.

—Es verdad. Vamos por parte. En términos simples, un pigmento es una molécula que tiene un color determinado.

—Ya... ¿Y la clorofila es algo con cloro?

—No, no tiene cloro.

—¿Entonces por qué le pusieron así? Ese nombre confunde.

—Su nombre viene del griego: *chloros* significa verde y *phýllon* es hoja.

—Aahhh, eran secos para los nombres los griegos. Y ¿para qué sirve la clorofila?

—La clorofila es un pigmento verde que les permite a las plantas captar la energía del sol para fabricar azúcar.

—¡¿Las plantas hacen azúcar?!

—Claro, pero mucho de ese azúcar después es convertido en otras moléculas que también son importantes para las plantas. No es que solo se alimenten de eso.

—Ah, ya me estaba preocupando por su dieta. Pero volvamos a mi pregunta inicial: ¿por qué entonces las hojas dejan de ser verdes durante el otoño?

—En esos meses, la clorofila que está en las hojas de los árboles y las plantas se degrada. Eso quiere decir que es destruida y convertida en otras moléculas que no son de color verde.

—¿Y por qué los árboles hacen eso?

—No todos lo hacen. Aquellos que degradan la clorofila son los mismos que pierden sus hojas en el otoño.

—Aahhh, entiendo.

—Cuando la clorofila ya no está, en las hojas se pueden ver otros pigmentos que el color verde tapaba, como los carotenoides.

—Otra palabra rara...

—Los carotenoides también son pigmentos, solo que de color amarillo o anaranjado. Siempre están en las hojas, pero en otras estaciones del año hay tanta clorofila en ellas que no los podemos ver.

—Pero sí los podemos ver cuando la clorofila ya no está.

—¡Exactamente! —dijo mi papá cerrándose la chaqueta.

Empezó a correr viento y muchas hojitas cayeron de los árboles, así que nos paramos para seguir caminando y terminar por fin nuestro campeonato.

—¿Papá? ¿Y qué pasa con esos árboles que se ponen rojos, como los que hay en la casa de los tatas?

—¡Buena observación! Esos árboles se ponen así porque durante el otoño fabrican, además, un pigmento de color rojo llamado antocianinas.

—Son lindas esas hojas.

—Sí, son bellas. ¿Te has fijado, además, que algunos de los árboles de la casa de los tatas son multicolor?

—¡Sí!, los amo.

—Bueno, como este proceso de degradación de la clorofila ocurre de manera independiente en cada hoja, los árboles muchas veces quedan con varios tonos a la vez: verdes, amarillos y rojos.

—¿Y el color café?

—Una vez que se degrada la clorofila, sigue otro proceso que llevará a la hoja a su muerte.

Todos los pigmentos se degradan y se forman pigmentos de color oscuro, llamados taninos. En este punto, la hoja queda completamente café y seca, cierra su unión con el árbol y el viento las va haciendo caer.

—Me encantó lo de los pigmentos. Y hablando de café... ¡me dieron muchas ganas de tomar un chocolate caliente!

—Uuhhh, qué rico, ¡vamos!

Justo en ese momento hubo una ráfaga de viento muy fuerte y cayeron muuuchas hojas secas. Con mi papá nos miramos y los dos al mismo tiempo salimos corriendo como locos a pisarlas, con el Lukas ladrando al lado nuestro y pisando hojas también. ¡Viva el otoño!

ESTRELLITAS

Solo se sentía el ruido de las olas y el viento. El Lukas estaba echado a mi lado, a punto de quedarse dormido. De pronto, mi papá se levantó de un salto y, apuntando hacia el cielo, dijo:

—¡¡Ahí va!!

—¿Dónde? ¡No la veo! —dije mirando lo más rápido que pude.

—Ahí, al lado de esa estrella que se ve roja. ¿La ves ahora?

—¡Sííí, ya la vi!

Estábamos en la playa de Pichilemu analizando el cielo en plena noche. Un amigo de mi papá le avisó que la Estación Espacial Internacional iba a pasar justo arriba de esa zona, así que fuimos hasta allá para verla por primera vez (y para hacer un paseo de playa, ¡yeeei!).

Mi papá me explicó que la Estación Espacial Internacional es una especie de nave que funciona como centro de investigación, que orbita la Tierra desde el año 1998. Actualmente hay seis astronautas viviendo en ella —que tienen la mejor vista de nuestro planeta—, y cada cierto tiempo uno vuelve a la Tierra y otro lo reemplaza. Como la estación tiene unos paneles solares muy grandes, refleja la luz del sol y eso permite que la podamos ver desde la Tierra justo después del anochecer.

Mientras la veíamos pasar, me di cuenta de algo.

—¿Papá?

—Dime, Pachi.

—Parece que tengo que ir al médico de los ojos, porque estoy viendo mal las estrellas.

—¿Por qué dices eso?

—Porque las veo parpadear todo el rato, así que a lo mejor voy a tener que usar lentes, como tú —respondí mirando con mucha atención.

—Eso no tiene nada de raro. Las ves así porque las estrellas titilan.

—¿Tilitan?

—Ti-ti-lan. Así se llama el efecto que hace parecer que la luz de las estrellas cambia constantemente de intensidad, como un parpadeo.

—«Titilan», me gustó esa palabra.

—Y tiritan, azules, los astros a lo lejos... —dijo mi papá como recitando.

—¿Y por qué pasa eso?

—Aahhh, es súper interesante. La mejor parte es que te voy a contar la historia de cuando le tuvieron que poner lentes a un telescopio.

—¿KIÉ?

—Tal cual, pero vamos por partes.

Nos acomodamos en la arena y el Lukas se levantó, bostezó, dio tres vueltas en el mismo lugar y se echó a dormir.

—Nuestro planeta —comenzó mi papá con su explicación— está rodeado por una capa de gas que se llama atmósfera.

—Mmhh, algo de eso vimos en el colegio.

—Bueno, esa capa de gas es muy importante. Tanto así, que sin ella no habría vida en la Tierra.

—¿En serio? Guaaa.

—Tal cual. Pero aunque la atmósfera es muy buena para el planeta y para todos los que lo habitamos, no lo es para la astronomía.

—¿Cómo así?

—Lo que pasa es que la atmósfera de la Tierra es bastante compleja y tiene varias capas...

—¿Como las cebollas? —interrumpí.

—Como las cebollas. Y el problema de eso es que, para que nosotros veamos la luz de las estrellas, lo primero que esa luz debe hacer es atravesar las cinco capas que componen la atmósfera.

—¿Y por qué eso es un problema?

—Porque cada capa de la atmósfera desvía un poquito la luz de las estrellas y, como la atmósfera tiene varias capas, la luz de las estrellas es desviada varias veces antes de llegar a nuestros ojos.

—Entonces, ¿es esa desviación la que produce el parpadeo?

—Claro, porque las estrellas están tan lejos que, básicamente, son un punto de luz en el cielo. Como ese punto es desviado en una dirección levemente distinta a cada rato, si miras una estrella durante algunos minutos, te darás cuenta de que el brillo de su luz no se mantiene constante. Aunque la desviación es muy muy leve, basta para generar el efecto de titilar.

—Mmhh, o sea que mis ojos están bien.

—Así es. De hecho, pasaría lo mismo si te pones muy lejos de mí apuntándome con una linterna: si la mueves hacia los lados, yo veré un punto de luz que titila.

—Qué extraño —dije afinando la vista mientras apuntaba una estrella rojita—, esa estrella no titila.

—¡Toda la razón! Lo que pasa es que esa no es una estrella, es un planeta: Marte.

—¿Y Marte no titila?

—Sí, todos los planetas lo hacen, pero como están mucho más cerca de la Tierra que las estrellas, no se ven como un punto de luz, sino como un disco que está hecho de muchos puntos de luz. Si bien cada punto titila por separado, al estar todos tan juntos da la sensación de que no lo hicieran; por eso desde acá los planetas se ven como una sola luz que no parpadea.

—¿Y lo que me ibas a contar de los lentes en un telescopio?

—¡Aahhh! Lo que pasa es que los astrónomos querían mirar las estrellas sin que la atmósfera molestara, desde un lugar que estuviera fuera de ella, y para eso la NASA construyó un telescopio (al que llamaron Telescopio Espacial Hubble, en honor a un astrónomo de Estados Unidos que hizo grandes descubrimientos) que luego envió al espacio. A pesar de que el telescopio Hubble logró captar imágenes y enviarlas a la Tierra, hubo un gran problema: estas fueron tan borrosas como las obtenidas acá.

—¿Y por qué pasó eso?

—Por un error muy, muy, muy pequeño durante la fabricación del telescopio que lo arruinó por completo.

—¿O sea que lo tuvieron que hacer otra vez?

—Eso pensaron, pero era demasiado caro. La solución que se les ocurrió fue fabricar unos lentes para corregir el error, así que una vez que estuvieron listos una misión de astronautas fue al espacio y se los puso al telescopio.

—¿Y funcionó?

—¡Claro! De hecho, el telescopio Hubble ha tomado unas fotos increíbles.

No pude aguantar la curiosidad. Le pedí a mi papá que volviéramos a la cabaña y buscáramos las imágenes de las que hablaba. Despertamos al Lukas de su décimo octava siesta, recogimos las cosas y partimos.

Al llegar, vimos unas fotos IMPRESIONANTES que tomó el telescopio Hubble. ¡Aquí les dejo la página web por si las quieren ver!

https://www.nasa.gov/mission_pages/hubble/
multimedia/index.html

DAME ESOS CINCO

¿Se han dado cuenta de que, por alguna desconocida razón, los monitos animados solo tienen cuatro dedos? Fíjense. ¿Bob Esponja? Cuatro dedos. ¿El ratón Mickey? Cuatro dedos. ¿Finn el humano? Cuatro dedos. Una esponja, un ratón y un humano, sí, todos con cuatro dedos, ni más ni menos.

Ayer estaba pensando en eso y peinando al Lukas, cuando mi papá entró a mi pieza sin que me diera cuenta.

—¿Vamos a comprar helados? —propuso una voz del más allá, y di un salto casi hasta el techo.

—¡Pero, papá, me asustaste! —dije con el corazón saltando—. Obvio que vamos, ¡¡amo el heladooo!!

—Jajajá, ya, pero tranquila. ¿Por qué te asustaste tanto? ¿Estabas en otro planeta?

—Casi. Es que estaba pensando en por qué los dibujos animados solo tienen cuatro dedos. ¿Tú sabes? —pregunté mientras volvía a la Tierra y le ponía su correa al Lukas, que de solo escuchar la palabra *vamos* se puso como un loco.

—Mmhh, una vez leí algo sobre eso. Es bien interesante, porque aparentemente viene de la época en que los dibujos animados se hacían con lápiz y papel. Hace muchos años, dibujar una mano con solo cuatro dedos ahorraba bastante tiempo.

—¿O sea que solo se hizo para trabajar menos?

—En parte. También leí que una mano con cinco dedos quedaba muy aparatosa y se veía muy grande en los dibujos.

Llegamos a la heladería y miré todos los sabores antes de decidir cuál quería. Finalmente, elegí mi favorito: menta chips. Primero me pasaron el helado de mi papá (él prefirió de pistacho, que igual es rico) y se lo llevé afuera porque se había quedado con el Lukas, y cuando volví al mostrador me entregaron el mío. Al salir me quedé pensando en otra cosa.

—¿Y por qué nosotros tenemos cinco dedos?

—Oohhh... no sé si tengo una respuesta buena, pero podemos intentarlo: tenemos cinco dedos en las manos y los pies porque nuestros ancestros tenían cinco dedos también.

—¿Por eso de la evolución?

—Claro.

—Ya, pero ¿por qué nuestros ancestros tenían cinco dedos?

—Porque sus ancestros...

—Tenían cinco dedos también, ¿no? Pero ¿siempre siempre siempre fue así?

—¡Ajá! A eso quería llegar. Quienes estudian la evolución y los restos de animales que vivieron hace mucho tiempo han reunido evidencia que muestra que hubo un momento en el que no todos los animales tenían cinco dedos.

—¿Cuándo fue eso?

—Uuff, más o menos cuatrocientos millones de años atrás, durante un período conocido como Devónico.

—D e v ó n i c o —repetí lentamente para recordar el nombre.

Nos sentamos en una banca bajo la sombra de un gran árbol. Mientras tomaba mi helado, me fijé en mis manos, en las de mi papá y en las patas del Lukas.

—En el D e v ó n i c o —dije lentamente para no equivocarme— todavía no había vida humana, ¿cierto?

—Exacto. Recién estaban apareciendo los primeros animales que se adaptaron para vivir fuera del agua.

—¿Y cuántos dedos tenían los animales en ese tiempo?

—Se han encontrado restos con seis, ocho y hasta con trece dedos. Lo que pasa es que en esa época ocurrió algo muy importante: como los animales empezaron a salir del agua, lentamente les fueron apareciendo dedos. Se estima que hacia el final de ese período ya todos los animales con cuatro extremidades tenían cinco dedos.

—Pero ¿por qué cinco?

—Bueno, eso es muy difícil de averiguar hoy. Hay quienes creen que es el número mínimo de dedos que hacen que una pata o mano tenga un funcionamiento adecuado, pero, como te digo, ocurrió hace tanto tiempo que resulta muy difícil saber qué tipo de cosas eran relevantes en esa época para determinar la cantidad. Muy probablemente, nunca sabremos con exactitud por qué cinco, y no cuatro o seis.

—Mmhh, ¿y ahora todos los animales tienen cinco dedos?

—No, en algunas especies hay dedos que han desaparecido o se han fusionado. ¿Has mirado las patas de los caballos? Si te fijas, tienen una especie de dedo único, que es producto de la fusión de sus dedos.

Mi papá tenía razón; me quedé pensando en los caballos y fue muy divertido darme cuenta de que no tienen dedos como los nuestros.

—¿Y las ballenas? —pregunté mientras le hacía cariño al Lukas, que se había sentado en la banca y miraba a la gente pasar.

—Las ballenas tienen aletas.

—¿Entonces no tienen dedos?

—No dedos como los tuyos, pero dentro de las aletas tienen los huesos de los cinco dedos. La apariencia externa es diferente porque de seguro para nadar es mucho más eficiente una aleta que cinco dedos independientes. Ya ves, la naturaleza es inteligente.

—¿Y qué pasa con el dedo gordo? Una vez leí que era el dedo más importante.

—¡Cierto! El pulgar es el único dedo que puede tocar la punta de los otros cuatro, ¿no es así? —me dijo mirando mis manos. Hice el intento y, claro, los otros dedos no pueden hacer lo que hace el dedo gordo.

—¿Y por qué es el único que tiene ese poder?

—Durante la evolución de nuestros ancestros, hubo un momento en que estos dejaron de andar en cuatro patas. Cuando las manos ya no fueron necesarias para caminar, pasaron cosas muy interesantes. Por ejemplo, cambió la forma en que funcionaban los dedos, entre ellos el gordo. Junto con el desarrollo de un gran cerebro, esto permitió a los humanos hacer cosas nuevas, como fabricar herramientas.

—¿Y pintar?

—¡Exactamente, Pachi!

—Qué buena la historia de los dedos.

—¿Cierto?

—Sí, ¡dame esos cinco! —le dije a mi papá emocionada y después chocamos las palmas.

Nos reímos de mi ingeniosa forma de cerrar la conversación durante todo el camino de vuelta a casa.

PONIÉNDOLE COLOR

Hace un tiempo mi papá me regaló una lupa que se puede conectar a su celular ¡y es increíble! He visto lana, papel, los pelos del Lukas, la punta de mis dedos, mi saliva (no se hagan los locos, ustedes también mirarían su saliva) y casi todo lo que puedan imaginar.

Entre los objetos pendientes de mi estudio estaba el televisor, así que un día tomé la lupa y la puse sobre la pantalla. Al acercarme a mirar, vi unas rayitas de colores, pero solo de tres colores: azules, verdes y rojas. Aunque la tele estaba encendida, en algunas partes la lupa no mostraba nada, y en otras incluso aparecían o solo rayitas azules o solo rayitas rojas, ningún otro color. En medio de mi observación, mi papá cambió el canal para ver un documental sobre la Antártica y apareció en la imagen una gran carpa de color amarillo, que mi lupa tampoco reconoció. No entendía nada.

—Papá, tenemos un problema.

—¿Y cuál sería ese problema?

—No entiendo qué pasa; estoy viendo la pantalla de la tele con mi lupa y solo muestra tres colores: azul, verde y rojo.

—Así funcionan las pantallas, Pachi.

—¿Cómo? ¿Y el amarillo? No veo nada amarillo con mi lupa, pero si miro la tele veo perfectamente que ahí *hay* una carpa amarilla —dije apuntando la pantalla.

—Aahhh, es que ese amarillo no existe —dijo mirando el documental. (Tengo que aclarar que a veces mi papá dice cosas que suenan muy extrañas, pero siempre van acompañadas de una explicación entretenida. Ahora mismo necesito una de esas: ¿cómo puede ser que el amarillo, que veo con mis propios ojitos, no exista?)

—A ver, me vas a tener que explicar esto, porque no entiendo.

Mi papá pausó el documental y nos sentamos juntos frente a la tele.

—El ojo humano tiene una parte especial que se llama retina, que es la que nos permite ver. En la retina hay células especializadas que... espera —dijo y detuvo su explicación. Parece que mi cara era de pregunta porque se paró, fue a mi pieza y volvió con un montón de legos.

—¿Vamos a armar un Lego?

—Después puede ser, pero por ahora los necesito para este ejemplo —respondió concentrado—. Cada uno de estos bloques se puede juntar con otros para armar una casa o una nave, ¿cierto?

—Cierto. Pero no entiendo qué tiene que ver eso con el amarillo de la tele...

—Para allá voy, ¡paciencia!

—Escucho, escucho.

—Bueno, imagina que el cuerpo humano es como un gran Lego armado con miles de millones de pequeños bloques. Cada uno de esos bloques representaría una célula.

—Okey, lo imagino: somos un gran Lego de células.

—Eso. La retina de nuestros ojos también está compuesta de células que nos permiten percibir tres colores distintos a través de sensores para luz —dijo poniendo bloques chiquititos de legos azules, verdes y rojos sobre una gran pieza cuadrada—. Imagínate que este gran Lego cuadrado representa la retina, y los bloques que puse son sensores para ver los colores azul, verde y rojo.

—Pero yo en la vida real veo más colores, no solo esos tres. Mira, este cojín es... ¿fucsia?

—Sí, en la *vida real*, como dices tú, vemos más colores, pero esos colores son obra de nuestro cerebro. Cuando miras este peluche, por ejemplo —agregó tomando un peluche de león con que juega el Lukas— lo ves amarillo porque en la retina de tus ojos se activan al mismo tiempo los sensores de luz verde y roja, y lo que percibes es la interpretación de esos colores. Mira ahora —dijo tomando la lupa y poniéndola sobre la carpa amarilla que estaba en el documental—. ¿Qué colores ves?

—¡GUAAAU! De nuevo hay rayitas solo de color verde y rojo, ¡nada de amarillo! —dije todavía sin poder creerlo—. ¡¿Por qué?!

—Como te decía, esa mezcla de colores es interpretada por el cerebro como el color amarillo. En nuestro cerebro, pequeñas variaciones de la mezcla de los tres sensores (azul, verde y rojo) generan tooodos los colores que el cerebro es capaz de percibir, incluso este —dijo lanzándome el cojín fucsia.

—¿O sea que vemos con el cerebro?

—Podríamos decir que sí, porque los ojos le envían la información al cerebro, y al final es este el que la procesa e interpreta.

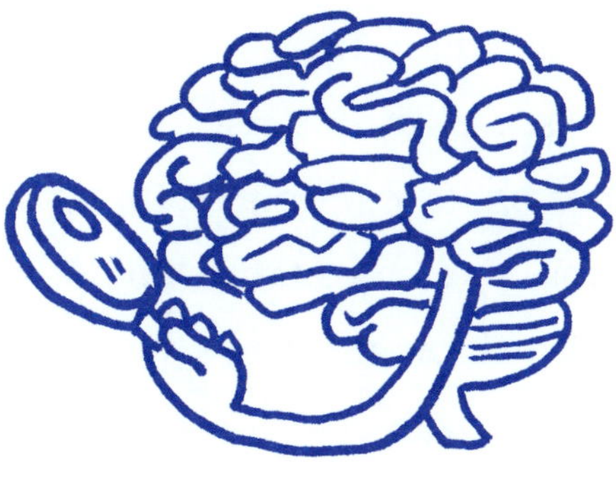

—¿Y todos nosotros, los humanos, vemos los mismos colores?

—Es muy probable que la mayoría vea más o menos los mismos, pero no de manera idéntica. Hay pequeñas diferencias que hacen que el verde que tú ves sea levemente distinto al verde que yo veo. Es más, hay gente que no puede percibir los colores y ve todo en blanco y negro.

—¡¿En serio?!

—Muy en serio, son cosas que pasan. Hay un caso bien famoso de una isla donde muchos de sus habitantes ven en blanco y negro.

—¿Por qué? ¿Pasó algo en la isla?

—Aparentemente, ahí vivía una persona que tenía problemas para transmitir la información del color desde el ojo al cerebro. Esa persona tuvo muchos hijos, y sus hijos también tuvieron muchos hijos cuyos ojos tampoco podían transmitir la información correcta a sus cerebros.

—Ohhh, quizás son los protagonistas de esas películas antiguas que a veces te gusta ver.

—Es fascinante todo lo que puede hacer el cerebro, ¿cierto?

—Muy... Oye, papá, ¿y sabes si el Lukas ve los colores?

—Mmhh, la visión de los perros es levemente distinta a la de los humanos. Colores como el rojo lo perciben como gris, pero pueden ver más o menos bien el azul, el amarillo y el verde. Tal vez por eso al Lukas le gusta tanto perseguir la pelota de tenis en el pasto bajo el cielo azul.

—¿Hagámoslo feliz y vayamos al parque a jugar con su pelota?

—Buena idea.

Ordenamos los legos, apagamos la tele y nos fuimos al parque cerca de la casa. Tiramos la pelota bien lejos y el Lukas corrió feliz por el pasto verde bajo un cielo azul a buscarla. El problema es que todavía no aprende a devolverla en la mano, así que con mi papa tuvimos que perseguirlo por todo el parque y sacársela de la boca mientras él la apretaba con sus dientes y movía la cabeza para todos lados gruñendo. Igual yo creo que le puso un poco de color.

EL SABOR DEL MAR

Con mi papá fuimos a Cáhuil, un lugar muy lindo cerca de Pichilemu que tiene una laguna enorme y bacán en la que puedes nadar o hacer paseos en bote (es muy chori, porque uno pasa navegando bajo un puente donde casi siempre hay gente pescando). Esta vez decidimos recorrer los alrededores de la laguna en auto y fue genial.

Anduvimos por un camino hermoooso, lleno de plantitas y naturaleza, y en un momento nos detuvimos para mirar a los cisnes y pájaros que estaban felices chapoteando. Había unos muy chiquititos y chascones, que al parecer eran cisnes guagua, ¡awww! Me hubiese encantado que el Lukas los viera, pero no lo pudimos llevar porque, si bien él es amistoso, los pajaritos podían estresarse al ver un animal de cuatro patas y sin plumas.

Cuando seguimos nuestro camino vi que comenzaron a aparecer unas mini montañas blancas. Eran de un blanco tan, pero tan impresionante, que hacía doler los ojos.

—¡¿Qué es eso, papá?! —le pregunté hipnotizada por el brillo.

—¿Qué cosa, Pachi?

—¡Esas montañitas blancas que se ven en el camino!

—Aahhh, eso es sal.

—¿KIÉ?

—Sal.

—¿Y a quién se le cayó tanta sal aquí? —pregunté intentando no saltar por la ventana del asombro.

—No se le cayó a nadie, Pachi, esa sal viene de la laguna.

El paisaje parecía una película: había muchas pocitas con agua de diferente color y, cada ciertos metros, más montículos de sal.

—¿Puedo tocarla?

—Claro.

Nos bajamos del auto y pasé mi mano por uno de los cerritos; su textura era como de piedritas irregulares. Al ver mi mano completamente blanca no me aguanté las ganas de pasarle la lengua. ¡PUAJ! ¡Estaba muuuuuuy salada!

—¿Y cómo es posible que esta laguna tenga tanta sal? —pregunté mientras tomaba agua de la botella que siempre llevamos para los paseos.

—Lo que pasa es que en realidad esto es un río, no una laguna, y, como todo río, durante gran parte del año desemboca en el mar. Si te fijas, este es un terreno plano, así que durante el invierno el agua del mar entra y se acumula en esas pocitas. Luego, en el verano y con la ayuda del sol, el agua se evapora y esto queda así, con la apariencia de una laguna, las pocitas y los cúmulos de sal seca.

—Es interesante eso del río que se convierte en laguna, pero ahora que sé que la sal viene del mar...

—Aahhh, ya sé; quieres saber por qué el agua del mar es salada.

—¡Adivinaste! Es que siempre que salto olas en la playa me entra agua a la boca y, ¡puaj!, es muy salada.

—Mmhh... ¿Ves esas nubes que vienen por allá? —preguntó mi papá apuntando unas nubes blancas y gordas como algodón.

—Sí, las veo —dije en actitud de investigadora—. Mira, papá, ¡tienen forma de conejo!

Mi papá miró de nuevo y se rio, porque era verdad que tenían forma de conejo. Uno grande y otro más pequeño.

—Bueno, esas nubes son vapor de agua, y el agua que se evaporó para formarlas viene del océano. ¿Sabes qué pasará con ellas?

—Mmhh, creo que se convertirán en lluvia. Me acuerdo porque lo vimos en el colegio cuando estudiamos el «ciclo del agua».

—¡Exacto! El agua de lluvia caerá en la tierra y también en los ríos que más tarde desembocarán en el mar. En su camino, esa agua de río irá disolviendo de a poquito todas las sales que hay en las rocas y se las llevará con ella nuevamente al mar.

—¿O sea que la sal llega al mar desde los ríos?

—Así es.

—Entonces ¿por qué los ríos no son salados?

—Lo que pasa es que llevan muy poquita sal.

—¿Cómo poquita? El agua de mar es muuuy salada, papá, es imposible que sea poca —dije pensando en todos los mates que me he tragado.

—Sí, lo sé, pero se trata de un proceso que lleva muchísimo tiempo: la sal acumulada en los océanos durante millones de años es lo que ha dado al agua de mar su sabor tan salado. Es un proceso leeento, que se ha mantenido en el tiempo, por eso hay tanta sal en el mar; no así en los ríos, que renuevan sus aguas de forma constante.

Imaginé el agua del mar evaporándose y convirtiéndose en nubes-conejo que después caen como lluvia sobre la tierra. Me imaginé también a las gotitas que caen en los ríos recolectando las sales de las rocas y después llegando al mar. Si pienso en las veces que he visto llover desde que nací, no suena tan loco que ese ciclo pueda repetirse durante millones de años. Ufff, INTENSO.

—¿Podemos llevar sal a la casa? —pregunté mirando uno de los montones.

—Claro, llévate un poco. Pero mejor también pasamos a comprar un paquete de sal y hacemos pan en la tarde.

Me encantó la idea. Mientras me duchaba mi papá preparó la masa para el pan. Después de algunas horas (que en mi mente fueron mil, porque tenía demasiadas ganas de comer) el pan por fin estuvo listo, pero al sacarlo para hacer tostadas notamos algo raro en el sabor... ¡Ups! Mi papá se distrajo al cocinar ¡y no le puso sal a la masa! Tuvimos que ir a buscar pan al almacén de la esquina. Cosas que solo le pasan a él.

LAS ESTACIONES

«Día 30 de la expedición en Marte: Ya no queda comida, la provisión de agua solo durará un par de horas más y las semillas que trajimos nunca germinaron. Estoy muy cansada. La nave que viene por nosotros apenas se divisa en el horizonte y no sé si alcance a llegar, pero imaginar que ahí adentro hay agua fría y fruta me da energía para aguantar un poco más...»

En medio del que pudo ser el mejor guion de ciencia ficción en la historia de los guiones, los ladridos del Lukas me trajeron de vuelta a la realidad. Obviamente no estaba en Marte, solo jugaba a que era una exploradora espacial, y las dunas que nos rodeaban (porque estábamos en la playa) eran la tierra del planeta por descubrir. Mientras planeaba cómo sobrevivir en mi Marte imaginario, mi papá miraba el horizonte con cara de estar disfrutando mucho la vista al mar y el Lukas le ladraba a las gaviotas que pasaban. Como empezó a hacer mucho calor, decidimos volver al auto para refrescarnos un poquito y descansar.

—¡Qué calorrr, me quiero tomar diez vasos de agua! —dije tirándome viento con las manos.

—Yo también —dijo mi papá colorado como un tomate.

Sacamos una botella con agua heladita que teníamos guardada en el *cooler* del maletero, le serví un poco al Lukas en su plato y los tres nos pusimos a tomar agua sin hablar. ¡Qué sensación más buena!

—Papá, ¿por qué hace tanto calor en verano? —le pregunté al subir al auto.

—Interesante pregunta, exploradora. ¿Tú que crees?

—Mmhh ¿quizás porque durante esta estación la Tierra está más cerca del Sol?

—El problema con esa idea es que cuando es verano aquí, en el hemisferio sur, en el hemisferio norte es invierno. Y ambos hemisferios están en el mismo planeta...

—¡Cierto! Si fuera una cosa relacionada con la distancia, tendría que ser verano en los dos hemisferios al mismo tiempo. Entonces ¿qué es lo que causa el calor?

—Llegando a la casa vamos a hacer un experimento para averiguarlo.

—¡Ya! Me encantan los experimentos.

Al llegar convertimos la cocina en un laboratorio (bueno, estoy exagerando, pero ordenamos todo para tener espacio). Mi papá buscó los implementos necesarios para el experimento: un melón, una uva y pinchos de madera.

—Papá, apoyo totalmente que preparemos brochetas de fruta porque son muy ricas, pero ¿no íbamos a hacer un experimento?

—Jeje, son las cosas que necesitamos para hacerlo, Pachi. Aunque después podemos preparar un *snack* saludable. Ya, imaginemos que este melón es el Sol —dijo poniendo la fruta al centro de la mesa de la cocina.

—¿Y esto qué va a ser? —pregunté apuntando la uva gorda y redonda que había encima.

—La uva va a ser la Tierra —respondió atravesándola con el pincho de madera.

—Perfecto. El melón es el Sol y la uva con pincho es la Tierra.

—Así es. Ahora, ¿te acuerdas de qué movimientos hace la Tierra?

—Mmhh, sé que se mueve alrededor del Sol, pero no me acuerdo de cómo se llama ese movimiento.

—Esa es la traslación. ¿Recuerdas algún otro?

—¡La rotación!

—¡Buena memoria! Y ese es el movimiento que hace la Tierra al girar sobre sí misma, ¿cierto? —dijo mi papá moviendo la uva alrededor del melón, mientras giraba a su vez el pincho para imitar la rotación de nuestro planeta.

—Cierto.

—Cada vuelta que da la uva alrededor del melón representa un año, y cada vuelta que da la uva sobre sí misma representa un día.

—Ya, pero ¿cuándo es verano e invierno en este experimento?

—Aahh, para saber eso hay que hacer otra cosa. Si te fijas, estoy girando la uva con este pincho, que representa el eje de rotación de la Tierra...

—¿Eje de rotación? —interrumpí.

—Sí. El eje es una línea imaginaria que va desde el polo sur hasta el polo norte de la Tierra. En nuestro ejemplo con la uva, los polos serían los lugares por donde entró y salió el pincho al atravesarla.

—Perfecto, tenemos entonces el polo sur y el polo norte, la uva-planeta girando sobre sí misma y dando vueltas alrededor del Sol-melón... pero aún no sabemos nada de las estaciones.

—Para allá voy. Si miras el eje de rotación...

—¿El pincho? —interrumpí de nuevo, para confirmar que había entendido.

—Exacto, el pincho —continuó mi papá—, verás que está derechito, pero en el caso de la Tierra no es así: el eje de rotación está inclinado.

—No entiendo.

—¿Te acuerdas de la torre de Pisa?

—¡Sí! La torre inclinada.

—Bueno, es algo parecido a eso. El eje de rotación de la Tierra está inclinado como la torre de Pisa.

—¿O sea que nuestro planeta gira alrededor del Sol de forma chueca?

—¡Eso mismo! Y fíjate en la uva: el hemisferio sur está más cerca del melón que el hemisferio norte, que está apuntando hacia afuera.

—Lo que significa que ahora es verano en el hemisferio sur, ¿verdad?

—Tal cual. Y eso implica que en la zona sur hace más calor, porque lo rayos del sol caen directamente sobre el hemisferio que está más cerca.

—¿Y cuándo es invierno?

—Buena pregunta. Miremos qué pasa si sigo moviendo la uva alrededor del melón —dijo girando la fruta-planeta hasta dar media vuelta. Al terminar, el polo norte de la uva quedó cerca del melón y el polo sur quedó más distanciado, apuntando hacia afuera.

—¡Ahora es invierno!

—¡Sí! El eje inclinado de la Tierra hace que las estaciones cambien a medida que nuestro planeta se desplaza alrededor del Sol.

—Pero ¿por qué el eje de rotación de la Tierra está así, chueco?

—No es una pregunta fácil. Los astrónomos creen que, hace muchísimo tiempo, hubo un choque entre la Tierra y un planeta más pequeño que hizo que el eje de rotación quedara inclinado. Además, ese choque habría formado la Luna.

—Guaaau, eso debe haber sido intenso.

—Muy intenso.

—Me encantó esta explicación, papá. ¡Gracias! —le dije abrazándolo—. Oye, ¿muy nada que ver que me haya dado hambre?

Tomamos nuestro material de laboratorio y preparamos unas ricas brochetas hechas de planetas Tierra y pedacitos de Sol.

Es oficial: me fascinan los experimentos que se pueden comer.

ARENA Y SOL

¿Qué se imaginan si les digo que se me llenó la pieza de vacaciones de verano? Resulta que antes de entrar a clases decidí ordenar mi clóset para sacar las cosas que me quedaban chicas y, bien al fondo, encontré un polerón que no me ponía hace mucho, mucho rato. Para ser más precisa, desde el verano pasado. ¿Cómo lo sé? Porque al sacarlo y revisar los bolsillos ¡cayó un montón de arena al piso!

Al ver ese desastre playero partí rápidamente a buscar la pala y la escoba para limpiar. Cuando mi papá me vio salir de la cocina, me preguntó (algo) sorprendido:

—¿Estás haciendo aseo, Pachi?

—Nooo. O sea, un poco.

—¿Qué pasó?

—Estaba ordenando mi ropa y, cuando saqué el polerón que usé por última vez en el verano, cayó un montón de arena de los bolsillos.

—Aahh, típico. Por eso hay que sacudir todo muy bien antes de volver de la playa.

—Ahora me quedó claro —dije dando un gran suspiro y avanzando hacia mi pieza.

Es impresionante la cantidad de granos que hay en un montoncito pequeño de arena (y a medida que los limpiaban, se multiplicaban; estoy segura), y también es increíble la cantidad de colores distintos que tienen: hay granitos negros, cafés, dorados, blancos, e incluso unos medio transparentes.

Estaba clasificando los granitos de arena por color, cuando entró mi papá.

—¿Todavía estás limpiando la arena?

—Sí, es que me distraje y me puse a mirarla con detención.

—¿Y en qué cosas te fijaste? —preguntó mientras se sentaba a mi lado.

—En que la arena no es completamente café clarito, sino que tiene muchos colores, y eso me hizo pensar en algo, jeje: ¿de dónde salió toda la arena de las playas?

—¡Mira tú! Interesante pregunta. ¿Te acuerdas de que hace un par de semanas me ayudaste a hacer galletas?

—¡Claro que me acuerdo! Estaban de li cio sas.

—¿Y recuerdas que la cajita donde las guardamos quedó llena de migas?

—Sí, fue lo único que quedó —dije mirando al horizonte, con la galletita de Sherk en mi mente—. Pero, papá, ¿qué tienen que ver las galletas con la arena? No entiendo.

—Que en el caso de la arena pasó algo similar.

—¡¿Cómo?!

—Claro. Porque la arena de las playas es roca que se ha fragmentado muchas veces hasta generar pequeñas partículas.

—¿Y quién molió tantas rocas?

—Mmhh, yo diría que los principales responsables de eso son el agua y el tiempo.

—¿El agua puede moler rocas?

—Parece increíble, pero sí. Los ríos, la lluvia y las olas del mar que chocan con las rocas durante mucho tiempo lentamente les van sacando pedacitos, pequeños fragmentos que son arrastrados hasta las playas hasta generar la arena que vemos.

—Pero yo me acuerdo de que una vez fuimos a una playa que solo tenía rocas, no arena.

—Claro, hay muchas que son así. Todo depende de cuán antigua sea la playa y de qué tan fuerte sea el oleaje. Playas antiguas con oleajes fuertes, tendrán arena; playas más nuevas y con menos olas, probablemente solo tendrán rocas de diferentes tamaños.

—¿Y por qué hay arena de distinto color? Me acuerdo de que en Pucón es negra, pero en Tongoy es café. ¡Y mira todos los colores que encontré en la que cayó al piso!

—El color depende completamente de cómo se formó esa arena. Por ejemplo, las rocas que son más propensas a fragmentarse por su sola composición forman arena de manera más rápida, y el color de esta dice mucho sobre las rocas que la originaron.

—¿Por ejemplo...?

—El mismo que diste tú: Pucón. La arena más oscura se asocia a rocas de origen volcánico.

—Claro, ¡tiene mucho sentido!, porque al lado del lago hay un volcán.

—Exactamente. En cambio las playas con arena café claro, como la de Tongoy, son ricas en minerales con hierro y eso es lo que les da el color. En todo caso, la arena es una mezcla muy compleja de diferentes tipos de minerales.

—¿Como migas de diferentes tipos de galletas y pastelitos? Porque las miguitas de galletas son de color café, pero las de *brownie* son negras.

—Algo así.

—¿Y las playas con arena blanca?

—Esas playas son ricas en carbonato de calcio, un mineral de color blanco que forma parte de los corales y otros bichitos marinos. Por eso el color es distinto.

—Guau. Entonces es así como nacen las playas negras, cafés y blancas. Jamás lo imaginé.

—Y también hay playas con arena verde.

—¡¿Verde?!

—Sí. Son poquitas, pero hay. Una de las más conocidas está en Hawái, y el color se debe a un mineral llamado olivina.

—Yo creo que deberíamos ir para allá a conocerla.

—Oohhh, me encantaría —dijo mi papá con tono de nostalgia de vacaciones.

—Creo que ya terminé de clasificar la arena. ¿Me ayudas a recogerla?

Mi papá la barrió, y con la ayuda de la pala la recogió y la dejó en un gran macetero con plantas que está en la terraza.

—Papá, ¿hagamos galletas?

—No estaría mal. ¿De qué color?

—Mmhh, café con un poquito de negro, para poder ver qué tipo de miguitas quedan.

Fue la mejor excusa que se me ocurrió para que hiciéramos galletas con chips de chocolate. Ñam.

TARDES DE CINE

Hacía frío y llovía muchísimo (eso está súper bien, porque ha llovido muy poco en los últimos años y los ríos casi no tienen agua). Mi papá estaba leyendo en el sillón y yo acababa de terminar de hacer un trabajo para el colegio, así que me tiré en medio de mi pieza admirando mis pantuflas peluditas. Fue ahí cuando me di cuenta de que la tarde estaba como para meterse en la cama a ver una película y... ¡comer cabritas!

Fui corriendo al living para proponerle a mi papá mi maravilloso plan.

—¿Papá?

—Dime, Pachi —respondió muy concentrado en su lectura.

—¿Veamos una película?

—¡Ya! —dijo cerrando el libro—. Muy buen plan para esta tarde lluviosa.

—¿Y podemos comprar cabritas?

—Mmhh, tengo una mejor idea. Ven conmigo.

Fuimos a la cocina y mi papá sacó de la despensa una bolsa llena de pelotitas anaranjadas, que no se parecían en nada al pop corn que comemos en las tardes de cine.

—¿Y eso qué es? —pregunté mirando con sospecha la bolsa.

—Esto, Pachi, es maíz para hacer cabritas.

—¡¿Verdad?! ¿Me lo juras? ¿Cómo se hacen? —pregunté emocionada.

—Solo necesitamos una olla, un poquito de aceite y un puñado de este maíz.

—¿El maíz es el choclo?

—Sí, son diferentes nombres para lo mismo.

—¿Y este es un choclo especial o algo así? Porque no tiene nada que ver con el que comimos con mantequilla durante el verano.

—Este es un tipo especial de maíz. Se llama maíz palomero y puede usarse para hacer cabritas.

—«Maíz palomero», ¡me gusta!, jeje. ¿Y qué tiene de especial?

—Ah, ya lo vas a ver.

Mi papá sacó una olla, la puso al fuego con una pizca de aceite y echó un poco de maíz adentro.

—¿Tan poquito? —pregunté un poco decepcionada, porque tenía ganas de comer muchas, muuuchas cabritas.

—Sí, con esa cantidad es suficiente. Te aseguro que no nos van a faltar para la película.

—Todavía no me imagino cómo esas pelotitas naranjas pueden transformarse en cabritas.

—Lo que pasa es que este maíz tiene dos cosas que permiten usarlo para eso: un poco de agua y una cáscara muy dura.

—¿Y por qué son importantes el agua y la cáscara?

—Porque cuando se calienta el agua que está dentro del grano y se convierte en vapor, la cáscara actúa como una barrera que impide que este escape de inmediato; lo mantiene adentro hasta que la presión del grano de maíz llega a su límite y, finalmente, lo rompe.

—Y cuando los granos se rompen ¿se convierten en cabritas?

—¡Exacto! Dentro del grano de maíz se produce un efecto similar al que ocurre cuando hacemos huevos revueltos y la clara, que es transparente, se pone blanca.

En ese momento se escuchó un «¡pop!», y algo de color blanco salió volando de la olla y aterrizó en el mesón de la cocina. De pronto, más y más de esas cositas blancas comenzaron a saltar. ¡Eran cabritas! Mi papá corrió a ponerle la tapa a la olla, y las escuchamos chocar contra el vidrio. Cuando ya no hubo más ruido, apagó el fuego y movió las cabritas para que se enfriaran un poco.

—¡Qué lejos saltan! —dije aún impresionada por los proyectiles comestibles—. ¿De dónde salió este maíz tan especial?

—Oh, esa historia es muy interesante. Originalmente no existía el maíz como lo conocemos hoy, pero sí había una planta silvestre llamada teosinte que lo antecedió...

—¿Nombre Teo y apellido Sinte?

—No, teosinte. Todo junto.

—Aahhh, okey, okey. ¿Y cómo se relaciona la historia del teosinte con nuestras cabritas?

—Mmhh, ¿recuerdas cuando hablamos de que los perros venían de los lobos?

—Claro que sí.

—Bueno, con el maíz pasó algo similar.

—¿Cómo? Me perdí.

—Los agricultores del antiguo México empezaron a cultivar el teosinte y, con el tiempo, esa planta comenzó a cambiar, hasta convertirse en el maíz actual. Fue un proceso muy lento, de muchos años, que ocurrió gracias a las manos de esos agricultores.

—Pero ¿ellos también lo usaban para hacer cabritas?

—Recuerdo que una vez leí que los antiguos habitantes de Centroamérica y México hacían cabritas desde antes de la llegada de los españoles. Vaaarios años antes. Eso sí, allá no les dicen cabritas ni *popcorn*, sino «palomitas», «poporopos», y de muchas otras formas.

—¡Qué divertido lo de los nombres! No tenía idea —dije intentando grabarlos en mi mente—. Pero, espera, en esa época no comían cabritas viendo películas, ¿cierto?

—No, el cine nació mucho después. De hecho, las primeras salas tienen apenas un poco más de cien años y originalmente el cine no era muy popular.

—¡¿A la gente no le gustaba ver películas?!

—No es eso. Lo que pasa es que las primeras películas no tenían sonido, eran imágenes con diálogos que aparecían escritos, y en ese tiempo pocas personas sabían leer. El éxito del cine llegó cuando se empezaron a hacer películas que se podían oír.

—Guau, me encantan las historias que tienen de todo.

—Pero todavía nos falta saber algo —dijo muy serio mi papá.

—¿Qué cosa?

—Todavía no decidimos qué película vamos a ver.

—¡Cierto! Yo opino que con toda esta lluvia deberíamos elegir alguna de *Star Wars*.

—¿Qué tiene que ver *Star Wars* con la lluvia?

—Nada, jeje, pero siempre es un buen día para ver *Star Wars*, ¿no?

Mi papá hizo un poco de caramelo para las cabritas, fuimos a la pieza a ver la película y el Lukas se durmió a los pies de la cama (claro que, como siempre, despertó para ladrarle a Chewbacca. Debe creer que es alguna clase de perro).

Fue una tarde de lluvia perfecta.

AZUL

Estamos en plena primavera y se nota: los días duran más, hay flores por todos lados y los pajaritos cantan con mucho entusiasmo en la mañana (aunque demasiado temprano para mi gusto, sobre todo los fines de semana, jeje). Como la tarde del primer sábado de primavera estaba tan linda, mi papá decidió llevarme a pasear a un lugar que poca gente conoce: el observatorio Foster. Es una construcción antigua ubicada en la punta del cerro San Cristóbal, en Santiago, donde hace más de cien años (sí, ¡cien!) fue instalado un telescopio gigante para poder observar el universo.

Al llegar al cerro empezamos a avanzar hacia la cumbre junto a otras personas que estaban ahí trotando, andando en bicicleta o, como nosotros, caminando con su perro. Es bonito cuando la gente sale a pasear por la ciudad y ocupa un mismo espacio para hacer mil cosas diferentes.

—Papá, ¿el telescopio sigue funcionando? —pregunté mientras le daba agua al Lukas.

—No, dejó de funcionar hace varios años. Aunque sigue siendo un muy buen telescopio, la contaminación lumínica de la ciudad hace que sea muy difícil usarlo para observaciones astronómicas.

—¿Contaminación lumínica?

—Sí, se llama así porque es un tipo de contaminación que nace de la luz artificial y su brillo. Te explico con un ejemplo: ¿Te acuerdas de cómo se veía de noche el cielo en el Cajón del Maipo?

—Oohhh, sí, ¡azul marino y lleno de estrellas!

—Exacto. ¿Y cómo se ve acá en Santiago?

—Mmhh, muy poco estrellado.

—En gran medida, eso se debe a que las luces de la ciudad compiten con la luz de las estrellas, y finalmente solo nos permiten ver las que son muy brillantes.

Habíamos caminado un buen rato. De pronto desembocamos en un camino lateral lleno de árboles, por donde no iba nadie.

—¿Es por aquí? —pregunté buscando el telescopio.

—Aquí mismo —dijo mi papá apuntando hacia adelante.

Era cierto. Frente a nosotros estaba el observatorio Foster, un edificio con techo redondo que tiene una gran abertura al medio. Diego, un amigo de mi papá, nos estaba esperando para mostrarnos el lugar. Por dentro, el observatorio era como un museo de las estrellas y en el centro estaba el anhelado telescopio (guaaau). Después de aprender sobre su historia y mirar muy de cerca los equipos que usaban ahí para estudiar el espacio, le dimos las gracias y salimos a caminar un poco más arriba, hasta la punta del cerro (¿se referirán a eso cuando mandan a alguien a la punta del cerro?). Ahí mismo, en la punta del cerro, mi papá compró dos motes con huesillo, ¡delicioso!

Nos sentamos en una banca para mirar Santiago desde arriba y contemplamos la ciudad con nuestros motes en la mano (bueno, el Lukas solo pudo tomar agua, pero por como movía la cola yo diría que estaba feliz). El paisaje era precioso. El día estaba despejado y el cielo tenía un color azul muy intenso.

Fue imposible evitarlo: viendo eso me atacó una pregunta azulosa.

—Papá, ¿por qué el cielo es azul?

—¡Qué buena pregunta, Pachi! El color del cielo tiene que ver con varias cosas, así que voy a intentar explicarte lo que dice sobre eso un amigo que es físico. Lo primero que tenemos que hacer es pensar en los arcoíris.

—¡Me encantan los arcoíris!

—Lo sé. Y ¿te acuerdas de cómo se forman?

—Mmhhh, me acuerdo de que la luz del sol está compuesta por diferentes tipos de luz y cuando se forma un arcoíris se separan esos diferentes tipos de luz y se ven los colores.

—Exactamente.

—¿Y qué tiene que ver eso con el color del cielo?

—Bueno, al analizar por qué el cielo es azul debemos considerar que para llegar a nuestros ojos la luz del sol debe atravesar primero la atmósfera, donde interactúa con los gases que están ahí y eso afecta la forma en que la percibimos. ¿Te acuerdas del orden en que están los colores en un arcoíris?

—Si lo vemos de abajo para arriba, creo que el orden es violeta, azul, celeste, verde, amarillo, naranjo y rojo —dije imaginando un arcoíris en mi mente.

—Buena memoria, Pachi —dijo mi papá contento—. Como ves, los colores del arcoíris están en un orden determinado, y eso tiene que ver con las características de cada tipo de luz.

Por ejemplo, la luz violeta y la luz azul se comportan de una manera levemente diferente a la naranja y la roja.

—¿Y cómo influye eso en el color del cielo?

—Ya va, ya va. Como decía, al pasar por la atmósfera cada tipo de luz es afectado de manera diferente y eso hace que los percibamos de distinta forma. En el caso de la luz violeta y la luz azul, estas se esparcen por el cielo de manera más eficiente que la luz de otro color.

—¿Violeta? Pero yo siempre lo veo azul.

—Sí, es que debemos considerar también que el ojo humano es mucho más sensible al azul que al violeta, y la suma de la dispersión de la luz en la atmósfera más la sensibilidad del ojo humano a la luz, es la que finalmente hace que veamos el cielo azul.

—¿Eso quiere decir que sin atmósfera veríamos el cielo de otro color?

—Eso es lo más probable.

—Guau. ¿Y por qué los atardeceres son rojos?

—Oohhh, muy buena observación... déjame pensar en cómo te lo explico.

Empezamos a caminar de vuelta. La cumbre del cerro estaba llena de gente que miraba la ciudad, sacaba fotos, o descansaba después de subir el cerro en bicicleta o corriendo. Cuando llegamos abajo, mi papá empezó con su explicación.

—Imagina que la atmósfera tiene mi altura.

—Si salto, me ahogo -dije, y con mi papá nos reímos.

—Ahora imagina que el sol está justo arriba de tu cabeza. ¿Cuánta atmósfera tendría que atravesar la luz para llegar a ti?

—Casi nada —dije levantando la mano.

—Eso sería a mediodía. Pero en la tarde, el sol estaría muy abajo en el horizonte. ¿Cuánta atmósfera tendría que atravesar entonces la luz para llegar a ti?

—Mucha más.

—Así es. Cuando el sol se pone, la luz debe hacer un recorrido más largo por la atmósfera y es por eso que al atardecer vemos, preferentemente, la luz anaranjada y la luz roja.

—Entiendo. Sin la atmósfera no tendríamos esos cambios de color tan increíbles.

—Tal cual.

—¡Demasiado interesante!

Seguimos caminando los tres hacia la casa. Había empezado a correr una suave brisa y el horizonte estaba cada vez más rojo, así que con mi papá y el Lukas aprovechamos para tomarnos una *selfie* súper linda.

Y SIN EMBARGO SE MUEVE

Hace poco me regalaron un libro genial sobre el espacio. Tiene un montón de fotos y datos curiosos, pero hay uno en particular que me dejó en *shock*. Les cuento.

Resulta que el libro dice que la Tierra se mueve alrededor del Sol a una velocidad de cien mil kilómetros por hora. CIEN MIL. Como sé que la velocidad máxima a la que pueden andar los autos en la ciudad es de cincuenta kilómetros por hora, el otro día decidí calcular cuánto más rápido se mueve la Tierra y ¿saben cuál es el resultado? ¡Dos mil veces más rápido! Guaaau.

Pero, aunque las matemáticas me ayudaron a entender lo veloz que es nuestro planeta, todavía me faltaba una cosa por descifrar y me picaba el cerebro intentando averiguar la respuesta, así que fui a buscar a mi papá para pedirle ayuda.

—Papááá —grité desde el living.

—Papááá —repetí en la cocina.

—Papááá —grité en el pasillo.

Nada. Recorrí toda la casa y no lo encontré. Hasta que a lo lejos escuché el sonido del secador de pelo. Al principio me pareció raro porque mi papá no usa secador, pero luego me acordé de que el Lukas sí. Mi papa había decidido bañarlo porque ya estaba un poco gris. Es difícil ser un perrito blanco en una ciudad tan sucia.

—¡Uy, si parece una nube! —dije con voz de ternura al entrar al baño.

—Sí, ya estaba demasiado sucio.

—Papá, te estaba buscando porque tengo una muy buena pregunta.

—Me encantan las muy buenas preguntas. ¿Cuál es?

—En mi libro sobre el espacio leí que la Tierra se mueve alrededor del Sol a cien mil kilómetros por hora.

—Así es, la Tierra se mueve muy rápido alrededor del Sol.

—Ya, pero si se mueve tan rápido, ¿por qué no la sentimos moverse?

—¡Ah!, de verdad era una muy buena pregunta. La voy a responder con un experimento.

—¿Un experimento? ¡¿Vamos a ir al espacio?!

—No, no vamos a ir al espacio, pero vamos a andar en auto —dijo apagando el secador—. Necesitamos llevar algunas cosas.

Mi papá tomó una bufanda de su clóset, y en la cocina sacó uno de los vasos rojos reutilizables que usamos en los cumpleaños y una botella de agua, mientras yo le ponía su arnés especial al Lukas.

—Pachi, ¿te pusiste el cinturón de seguridad? —preguntó mi papá apenas nos subimos al auto.

—¡Sí, señor comandante! —respondí imaginando que estábamos en una nave espacial.

—Ahora tápate los ojos con la bufanda.

—¿Voy a ir sin mirar?

—Sí, no puedes ver hacia afuera.

Me puse la bufanda en los ojos y la amarré bien, para no ver nada de nada. Me mantuve así, viendo nada de nada, y escuchando la música de la radio y la respiración del Lukas, que siempre se sienta muy pegado a mí cuando viajamos en auto.

—Ya, Pachi, vamos a empezar el experimento. ¿Estás lista?

—¡Estoy lista!

—¿Y concentrada?

—Muy concentrada.

—Vamos entonces: ¿estamos avanzando o no?

Me concentré mucho para sentir si el auto se estaba moviendo, pero con los ojos cerrados era demasiado difícil averiguarlo. ¿Estábamos detenidos en un semáforo, o qué?

—Mmhh, yo diría que estamos quietos, pero no estoy segura.

—Sácate la bufanda.

—¡¿KIÉÉ?!

Fue impactante. Aunque íbamos en una carretera, tan rápido como los autos de al lado, yo sentía que estábamos quietos. ¡Ra rí si mo!

—Esto es muy extraño. ¿Por qué no sentí que nos estábamos moviendo?

—Respuesta definitiva: porque íbamos a una velocidad constante. No estábamos acelerando ni frenando —dijo mi papá con voz de programa de televisión—. Vamos ahora a la segunda fase del experimento: llenar el vaso con agua.

Con mucho cuidado llené el vaso hasta el borde. El agua se movió un poco, pero logré evitar que se derramara. Ya habíamos salido de la carretera y estábamos llegando a un semáforo en rojo cuando mi papá frenó en seco.

—Papá, quedó la embarrada acá. Cayó un montón de agua al piso —le dije mientras veía al Lukas muy tentado de bajarse del asiento para lengüetearla.

—Ese es el resultado del experimento.

—¿Querías mojar el auto?

—Quería que vieras lo que pasa cuando freno. Solo puedes sentir que te mueves cuando cambio la velocidad, y solo sentirás los efectos sobre tu cuerpo o sobre las cosas si freno o acelero, como pasó con el agua.

—¿Es como cuando vamos en un ascensor y no sentimos que se mueve?

—Exactamente.

—Ya... O sea que la razón por la que no siento que la Tierra se mueve es porque viaja a velocidad constante. ¿Entendí bien?

—¡Así es! Hay variaciones en su velocidad, pero son muy pequeñas. Tan pequeñas y en distancias tan largas, que nos resultan imperceptibles.

—¿Y qué pasaría si la Tierra frenara de repente?

—Mmhh, necesitaríamos un muy buen cinturón de seguridad.

—Me imagino —dije mirando al cielo—. A todo esto, ¿a dónde vamos?

—Al cumpleaños de la Dani, en un parque que queda por aquí.

—Oohhh, qué entretenido.

Llegamos a un parque muy lindo y lleno de perritos, así que apenas nos bajamos del auto el Lukas se fue a sociabilizar... y a ensuciarse. Saludamos a la cumpleañera y me puse a jugar con otros niños que estaban ahí, mientras mi papá conversaba con unos amigos.

¿Y qué pasó con la Tierra? Claro, siguió moviéndose alrededor del Sol.

ESPEJITO, ESPEJITO

Íbamos por la carretera hacia Tongoy —una playa muy linda que queda en la región de Coquimbo— y paramos a comer en un lugar que es súper famoso por sus deliciosas empanadas de queso (¡me acuerdo y me da hambre!). Al terminarlas y descansar un rato, retomamos la ruta a la playa por un camino completamente recto y, entre el almuerzo y el movimiento del auto, me dio mucho sueño. Tanto, que de la nada creí ver una laguna en la mitad de la pista.

—¿Papá?

—Despertaste, Pachi.

—Parece que sí. ¿O sigo durmiendo?

—¿Por qué crees eso? —dijo mirándome por el espejo retrovisor.

—Es que estoy casi segura de que allá adelante veo una laguna, pero puede que siga soñando porque la veo en medio del camino —dije achinando los ojos para mirar mejor.

—Aahhh, qué interesante. Veamos cuánto nos demoramos en llegar hasta esa laguna —dijo mi papá sonriendo.

Me quedé mirando casi sin pestañear, pero mientras avanzábamos la laguna se alejaba. ¿Cómo podía pasar eso? Ya era raro que estuviese en medio del camino, pero que además se moviera lo hacía aún más loco.

—¿Papá? Ahora sí que creo que estoy soñando, porque la laguna se mueve. ¡¿La ves?! —dije apuntando hacia adelante.

—Lo que pasa, Pachi, es que esa laguna que ves no existe.

—¿Cómo que no? —pregunté levantando una ceja.

—Lo que estás viendo es una ilusión óptica que se llama espejismo.

—¿Como espejo?

—Tal cual.

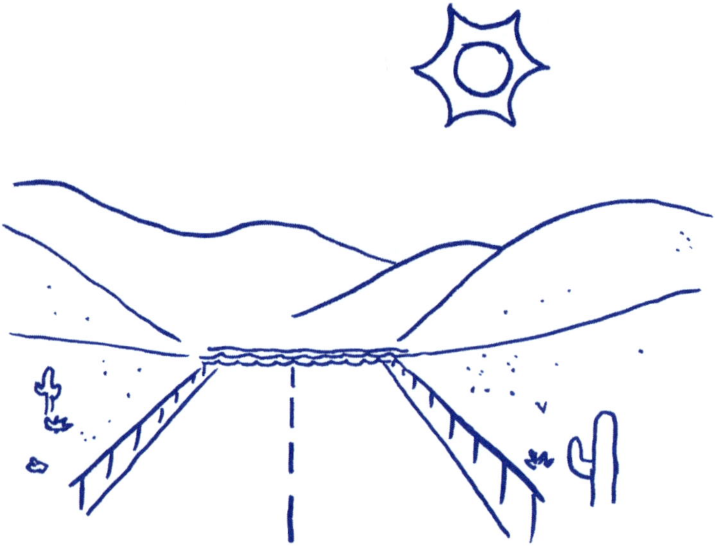

—Había leído algo sobre espejismos, pero nunca había visto uno —dije impresionada—. ¿Por qué se producen?

—Ocurren cuando hace mucho calor y el aire que está justo encima del camino se calienta mucho. Como ahora estamos en una zona más árida...

—¿Árida?

—Seca.

—Aahh, por eso hay menos plantas —dije observando el paisaje.

—Hay varias, pero no son árboles grandes como en el sur, sino que de otro tipo. Están adaptadas para estas condiciones. Como hay poca sombra, a pleno sol y en verano la temperatura en este trayecto sube mucho.

—Y cuando la temperatura sube, ¿se forman espejimos? Esa parte todavía no me queda clara.

—A ver, vamos de a poco —dijo mi papá acomodándose los lentes—. La luz viaja de manera distinta dependiendo de la densidad del aire, ¿cierto?

—Cierto.

—¿Y te acuerdas de qué hay en el aire?

—¡Moléculas de gas! Como las del oxígeno que necesitamos para vivir —respondí con mi mejor cara de profesora.

—¡Muy bien, Pachi! Y ese gas está en constante movimiento: muy rápido cuando hace calor, más lento cuando hace frío.

—O sea que ahora se está moviendo rápido.

—Claro. Y ese movimiento hace que las moléculas, además, se alejen unas de otras, lo que genera que en el mismo espacio haya menos moléculas.

—¿Y qué pasará cuando haga frío?

—Con el frío las moléculas se moverán más lento en el aire y en el mismo espacio habrá una mayor cantidad que las que hay ahora. A eso me refiero con la densidad: el aire caliente es menos denso que el aire frío, lo que significa que es más liviano y por eso tiende a subir. De hecho, es así como se mantienen en el aire los globos aerostáticos.

—¿Esos globos con un canasto?

—¡Esos mismos!

—Aahhh, no entendía por qué andaban con una fogata allá arriba. ¡Siempre pensé que era para asar malvaviscos!

—Jeje, tanta imaginación. No es una fogata lo que llevan arriba, pero es verdad que para calentar aire usan un aparato que genera fuego. Ese aire caliente (y menos denso) sube, llevando consigo al canasto.

—¡Oh, qué entretenido! Eso sí, todavía no hablamos de cómo se producen los espejismos.

(Mi papá se da mil vueltas cuando explica algo, pero eso es súper entretenido porque al final terminamos hablando de muchas más cosas y todas son divertidas.)

—Cierto. Ya, entonces en este camino el aire cercano al pavimento está muy caliente, pero —dijo levantando el dedo índice— la capa de aire que está justo encima está mucho más fría y ese aire es más denso, así que al aire caliente le cuesta subir y por eso se acumula un poco justo encima del pavimento.

—¡Entiendo! El aire caliente está como atrapado.

—Exacto. Hay una capa de aire caliente de baja densidad muy cerca del suelo, y otra de aire más frío justo encima. Como la luz que llega a tus ojos viaja por el aire, su trayectoria se ve afectada por las distintas densidades que se perciben en él. En el caso de los espejismos la luz viene del cielo, pero da la sensación de que viniera del suelo. Es una ilusión óptica.

—O sea que, en vez de agua, ¿lo que veía era el cielo?

—Así es. Y el fenómeno en el que la luz cambia de dirección al pasar por medios de diferente densidad se llama refracción.

—¿Y solo ocurre en los espejismos?

—Nooo, pasa en muchas situaciones. Por ejemplo, cuando alguien está en una piscina y lo miras desde afuera su cuerpo se ve muy extraño; eso se debe a la refracción.

—¿Ahora vamos a un lugar con piscina?

—Sí —dijo mi papá muerto de la risa—, vamos a un lugar con piscina. ¡Y con mar!

—¿Ya llegamos? —pregunté mirando para todos lados.

En ese momento el Lukas se despertó ladrando, porque escuchó la palabra «llegamos». Con mi papá nos reímos... ¡el pobre Lukas no entendía por qué habíamos dicho la palabra mágica si todavía no era hora de bajarse del auto!

OLOR A LLUVIA

Cuando todavía estaba oscuro, desperté con un ruido muy suavecito que venía de afuera. Ya no tenía sueño, así que me levanté con cuidado para no molestar al Lukas —que se había pasado a mi pieza durante la noche— y me asomé por la ventana para ver qué era. ¡Estaba lloviendo! El sonido de la primera lluvia de invierno me había despertado.

Me puse la bata y corrí a la pieza de mi papá, que estaba viendo un partido de fútbol en la tele.

—Buenos días, Pachi madrugadora. ¿Cómo dormiste? —me preguntó con cara de sueño.

—Bieeen —dije abrazando al Lukas, que justo en ese momento se subió a la cama ladrando y moviendo la cola—. ¡¿Viste que está lloviendo?!

—¡Sí! Desde la madrugada. ¿A ti también te despertó la lluvia? —preguntó mi papá frotándose los ojos—. Después de desayunar nos va a tocar pasear al Lukas bajo el agua.

—¿Con su impermeable?

—Con su impermeable.

(El Lukas no es de esos perritos que usan ropa, pero sí tiene un impermeable amarillo que le ponemos cuando llueve. ¡Le queda tan lindo! Pueden ver sus fotos en su Instagram: @el.perro.lukas.)

Al terminar el desayuno nos levantamos, cada uno hizo su cama y nos preparamos para salir. Yo me puse mis botas de hule y la chaqueta para la lluvia, tomé el paraguas y fui a buscar a mi perro, que se veía muy coqueto con su tenida.

Mientras esperábamos a mi papá, vi que la calle estaba completamente brillante y corría una brisa fresca con olor a lluvia. «Olor a lluvia». Pero ¿tiene olor la lluvia? Porque la lluvia es agua y hasta donde yo me acuerdo el agua no tiene olor.

No podía quedarme con la duda.

—Papá, ¿te puedo hacer una pregunta? —le dije cuando salió de la casa.

—Por supuesto, Pachi —respondió limpiando sus lentes, que estaban llenos de gotas.

—Este olor tan rico que sale cuando llueve, ¿es olor a lluvia?

—Oh, sí. El olor a lluvia es mi olor favorito en el mundo y se llama petricor.

—¿Preticor?

—Petricor. Viene del...

—¡Griego!

—¡Exacto! Más precisamente del término «petra», que significa piedra, e «icor», una palabra que los griegos usaban para referirse a la sangre que corría por las venas de sus dioses mitológicos.

—Ya, pero el olor a lluvia no es olor a piedra con sangre de dios... ¿o sí? —pregunté poniendo cara de misterio.

—Nooo, jeje. Unos científicos australianos estudiaron el petricor y descubrieron que, aunque es un olor complejo, tiene tres componentes principales.

—¿Cuáles son?

—Primero, la resina que algunos árboles producen cuando están muy secos. Al mojarse con la lluvia, esa resina libera un olor que forma parte del petricor.

—Olor a árbol, qué rico —dije respirando profundamente.

—El segundo componente es el ozono, un gas que se forma a partir del oxígeno cuando hay tormentas eléctricas.

—¿Olor a tormenta eléctrica? ¡Rarísimo!

—No es el aroma más común, sin duda —comentó mi papá sonriendo.

—Y ¿cuál es el tercero?

—El más característico de todos: olor a tierra mojada. Ese olor corresponde a un compuesto llamado geosmina, que es producido por algunas bacterias y hongos que viven en el suelo.

—¿Me estás diciendo que el olor a tierra mojada es olor a hongo? —pregunté arrugando la nariz—. Pucha, yo pensaba que era algo más rico.

—¡Pero es rico! El olor a tierra mojada es uno de los olores que las personas encuentran más agradables.

De pronto se puso a llover muy fuerte y empezó a correr mucho viento. Como el aire tenía tanto olor a tierra mojada, no podía dejar de pensar en las bacterias del suelo, felices con la lluvia y produciendo geosmina sin parar.

—Mmhh, la verdad es que es un olor muy agradable.

—Y tiene otra virtud —dijo mi papá intentando por segunda vez secar sus lentes con la punta del polerón—: podemos sentir la geosmina en el aire aunque haya muy poca.

—Y eso significa que...

—Los científicos que estudian la evolución creen que poder sentirla desde lejos es algo ventajoso para la sobrevivencia, porque señala la presencia de agua.

—¡Ah, claro! Si huele a tierra mojada es porque hay agua en el ambiente.

—Y el agua es esencial para la vida, así que poder detectarla desde lejos es muy valioso.

—Me encantó esto del olor a lluvia. ¿Petricor, entonces?

—Sí, petricor. Un olor complejo, mezcla de resina de árbol, ozono y geosmina, entre otras cosas.

—Y lo más importante de todo: tu olor favorito en el mundo —le dije a mi papá y nos abrazamos.

—Ya, Pachi, volvamos a la casa —propuso dándose por vencido con sus anteojos, porque era imposible mantenerlos secos—. ¿Hagamos sopaipillas en la tarde?

—¡Yaaa, sí!

Nos sacudimos el agua antes de entrar a la casa, claro que el Lukas es el que tiene más práctica con eso y nos dejó empapados. Mi papá trajo el secador de pelo y los tres nos secamos un poco, pero el Lukas —que es el más peludo— necesitó más rato para quedar seco.

Trajimos nuestras pantuflas, y mientras ordenábamos un poco la casa abrimos las ventanas para que entrara el petricor.

BAILA, PLANETA, BAILA

Mientras hacía unos dibujitos de animales pasó algo inesperado: mi escritorio se empezó a mover, y por la puerta vi que la lámpara de mi papá también. Después fue la mía, luego el espejo y los lápices, y en dos segundos la casa entera empezó a vibrar. Mi papá llegó a mi pieza para calmar al Lukas, que se había puesto a ladrar como un loco, y los tres nos paramos debajo del umbral de la puerta.

—Está temblando —dijo mirando atentamente un cuadro enorme que tiene encima de su escritorio.

—Sí, y el Lukas se puso nervioso. —A lo lejos podía escuchar el ruido de las copas chocando entre ellas.

Todo se movía muy fuerte, pero de un momento a otro el temblor paró.

—Estuvo intenso —dije haciéndole cariño en la espalda al Lukas.

—Sí, prendamos la radio para ver qué dicen.

¡Me encanta escuchar la radio!, porque ponen música de distintos estilos, dan noticias y también se pueden escuchar programas donde habla mucha gente al mismo tiempo (y a veces mi papá les habla de vuelta, como si le fueran a contestar. Les juro).

—¿Por qué se producen los temblores? —pregunté mientras comía una galleta.

—Ocurren porque nuestro planeta es muy especial —dijo mi papá poniendo las noticias—. ¿Te acuerdas de cómo se ve la Tierra desde el espacio?

—Mmhh, como una pelota azul con manchitas, que son los continentes.

—Claro, eso es por fuera, pero ¿sabes qué hay dentro de la Tierra?

—¿Capas?

—Exactamente: capas —dijo acercando a la mesa el frasco con las galletas de limón que habíamos hecho. Después sacó del refrigerador la mermelada de damasco y dos naranjas, y se sentó para continuar con su explicación—. Si sacáramos toda el agua del planeta, solo quedarían los continentes y el fondo de los océanos.

—¡Se vería muy raro! Casi como el Lukas cuando le cortaste el bigote.

—Oye, no me quedó taaan mal... solo se veía un poco extraño. Bueno, la cosa es que, sin el agua, todo lo que veríamos sería parte de la corteza terrestre.

—¿Como la corteza de los árboles?

—Claro, es la capa más externa. Pero, como esta naranja, si cortáramos la Tierra por la mitad —dijo pasando el cuchillo por el medio de la fruta— también veríamos varias capas distintas. En el caso de la naranja tenemos la cáscara, la pulpa y esta cosita blanca que la cruza, y en el caso de la Tierra veríamos la corteza, el manto y el núcleo.

—Entiendo, entiendo, pero ¿qué tienen que ver las capas con los temblores?

—Para allá voy, Pachi. Quiero que peles esta otra naranja usando las manos.

—¡Okey! Aunque siempre me cuesta un poco al comienzo...

Hice mi mejor esfuerzo y la pelé. Lo bueno es que después de sacar el primer pedacito de cáscara, el resto es fácil.

—Ahora que está pelada, quiero que vuelvas a ponerle la cáscara.

—¿Que haga QUÉÉÉ?

—Así, pónsela de nuevo como si fuera un rompecabezas —dijo acomodando los pedacitos sobre la naranja, siguiendo los bordes. Al final logró ponerlos todos—. La corteza de la Tierra es algo muy parecido a esto: no es una sola gran capa, sino que son varios pedazos, chicos y grandes, que se encajan como piezas para formarla.

—Oohhh, ¿y cada continente es un pedazo de corteza?

—No. Por ejemplo, América del Sur está en un pedazo y América del Norte en otro. Cada uno de ellos se llama placa tectónica y... las placas se mueven.

—¿Por qué se mueven?

—Aahh, para entenderlo tenemos que pasar a la fase de la explicación con galletas y mermelada.

—Acepto. ¡Qué explicación más deliciosa!

Mi papá puso mucha mermelada en un plato, sacó la galleta de limón más grande que había y la rompió en dos pedazos que terminaron sobre la mermelada.

—Lo que está debajo de la corteza de la Tierra se llama manto, y es una capa con características similares a las de la mermelada: viscosa y densa —dijo tocándola con una cuchara—. La parte del manto que se encuentra más cerca del centro de nuestro planeta es muy caliente, mientras que la parte cercana a la corteza es más fría.

Esa diferencia de temperatura hace que el manto se mueva y, como las placas están sobre el manto, cuando eso pasa se mueven también.

—¿Y cómo se mueven?

—De muchas formas distintas. Imagina dos placas que se alejan la una de la otra —dijo moviendo los pedazos de galleta en direcciones opuestas, y en el medio apareció la mermelada que había debajo—. Cuando eso pasa, el manto que emerge forma parte de la corteza una vez que se enfría. Pero fíjate en lo que pasa si las placas se mueven acercándose una a otra.

Mi papá acercó los pedazos de galleta, saltaron algunas miguitas y finalmente un pedazo de galleta quedó debajo del otro.

—¿Qué pasó?

—Como son capas muy gruesas e irregulares, cuando una se mete debajo de otra a veces se traban y la que está debajo la empuja sin parar hasta poder separarse. Una vez que lo logra se desplaza, y eso genera los temblores; cuando las placas se mueven así, todo lo que está encima de la Tierra se remece.

—Guaaau, me quedó clarísimo. ¿Te parece si ahora nos comemos las galletas, para que nunca se nos olvide este experimento?

Mi papá guardó las naranjas para el jugo de la mañana y comimos juntos nuestras placas tectónicas de limón, bañadas en manto de damasco. ¡Simplemente delicioso!

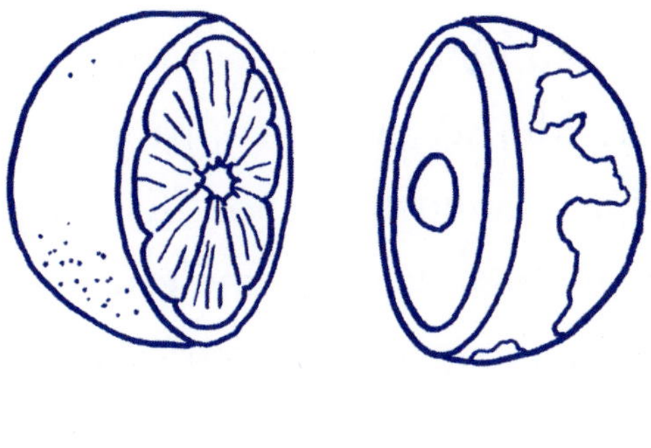

Gabriel León

Mi papá nació en Santiago el siglo pasado, en 1975. Cuando niño era tan curioso como yo y por eso decidió ser científico, para lo que tuvo que estudiar muuuchos años. Es bioquímico, doctor en biología celular y molecular (o sea, no es doctor de esos que atienden en un hospital) y durante varios años trabajó en una universidad. Ahora se dedica a explicar la ciencia a todo el mundo: trabaja en una radio, escribe libros y más adelante quiere ser panadero y fotógrafo. Un loquillo.

Paula Balbontín

Es diseñadora gráfica e ilustradora. Nació en Santiago de Chile en medio de una familia numerosa que incentivaba la creatividad. Durante su infancia pasaba mañanas enteras persiguiendo a su mamá por toda la casa preguntándole qué podía dibujar. Hoy esa pasión por el dibujo la llevó ser la ilustradora oficial de la serie de libros sobre preguntas raras de los niños.

Esta obra se terminó de imprimir
en el mes de enero de 2025,
en los talleres de Grafimex Impresores S.A. de C.V.,
Ciudad de México.